MAKE DATA
GREAT AGAIN

DATE:

SUBJECT

DATE:

SUBJECT

DATE:

SUBJECT

DATE:

SUBJECT

DATE:

SUBJECT

DATE:

SUBJECT

DATE:

SUBJECT

DATE:

SUBJECT

DATE:

SUBJECT

DATE:

SUBJECT

DATE:

SUBJECT

DATE:

SUBJECT

DATE:

SUBJECT

DATE:

SUBJECT

DATE:

SUBJECT

DATE:

SUBJECT

DATE:

SUBJECT

DATE:

SUBJECT

DATE:

SUBJECT

DATE:

SUBJECT

DATE:

SUBJECT

DATE:

SUBJECT

DATE:

SUBJECT

DATE:

SUBJECT

DATE:

SUBJECT

DATE:

SUBJECT

DATE:

SUBJECT

DATE:

SUBJECT

DATE:

SUBJECT

DATE:

SUBJECT

DATE:

SUBJECT

DATE:

SUBJECT

DATE:

SUBJECT

DATE:

SUBJECT

DATE:

SUBJECT

DATE:

SUBJECT

DATE:

SUBJECT

DATE:

SUBJECT

DATE:

SUBJECT

DATE:

SUBJECT

DATE:

SUBJECT

DATE:

SUBJECT

DATE:

SUBJECT

DATE:

SUBJECT

DATE:

SUBJECT

DATE:

SUBJECT

SUBJECT

DATE:

SUBJECT

DATE:

SUBJECT

DATE:

SUBJECT

DATE:

SUBJECT

DATE:

SUBJECT

DATE:

SUBJECT

DATE:

SUBJECT

DATE:

SUBJECT

www.ingramcontent.com/pod-product-compliance
Lightning Source LLC
Chambersburg PA
CBHW071003050326
40689CB00014B/3471